„Gegen die Nacht können wir nicht ankämpfen,
aber wir können ein Licht anzünden."

Franz von Assisi

Liste der Werke:

- Giotto di Bondone, Die Stigmatisierung des heiligen Franziskus, Altartafel, Ausschnitt: Die Vogelpredigt, um 1295-1300, Musée du Louvre, Paris, Frankreich (Cover)
- Coppo di Marcovaldo, Der heilige Franziskus mit Szenen aus seinem Leben, um 1240, Florenz, Basilika Santa Croce, Florenz, Italien (S. 2-3)
- Cristoforo Cortese, 1399–1445, Franziskus in Glorie, Detail, Buchmalerei, Musée Marmottan, Paris, Frankreich (S. 5 und 32)
- Giotto di Bondone, 28 Szenen aus dem Leben von Franziskus, Fresken, um 1330, Basilika San Francesco, Assisi, Italien (S. 7: Die Allegorie der Armut ; S. 9: Der Traum Papst Innozens' III., (Detail); S. 11: Der Hl. Franziskus schenkt seinen Mantel; S. 14: Predigt vor Papst Honorius III. (Details); S. 17: Die Vogelpredigt; S. 21: Vertreibung der Teufel aus Arezzo; S. 24 und 26: Die Weihnachtsfeier im Walde von Greccio (Details).
- Sassetta (Stefano di Giovanni di Consolo da Cartona), Flügelaltar des Hl. Franziskus, de Borgo San Sepolcro, um 1437-44, National Gallery, London, Großbritannien (S. 13)
- Fra Angelico, Feuerprobe des Hl. Franziskus vor dem Sultan, 1429, Lindenau Museum, Altenburg, Deutschland (S. 15)
- Taddeo di Bartolo, Das Quellwunder des Hl. Franziskus, Fragment einer Predella, 1403, Landesmuseum Hannover, Deutschland (S. 19)
- Jan van Eyck, Stigmatisierung des Hl. Franziskus, Detail, 1432, Galleria Sabauda, Turin, Italien (S. 20)
- Domenico Ghirlandaio, Historien des Hl. Franziskus, Die Auferstehung des Jungen, 1485, Sasseti Kapelle, Santa Trinita, Florenz, Italien (S. 22-23)
- Martin Schongauer, Die Geburt Christi, Hauptaltar der Dominikaner, um 1470, Unterlinden Museum, Colmar, Frankreich (S. 25)
- Sassetta (Stefano di Giovanni di Consolo da Cartona), Der Wolf von Gubbio, Flügelaltar des Hl. Franziskus, de Borgo San Sepolcro, um 1437-44, National Gallery, London, Großbritannien (S. 27)
- Taddeo di Bartolo, Franziskus predigt den Vögeln, 1403, Landesmuseum Hannover, Deutschland (S. 28)
- Giovanni Bellini, Der Hl. Franziskus in der Wüste, 1480, The Frick Collection, New York, Vereinigte Staaten (S. 29)
- Meister des heiligen Franziskus, Vogelpredigt des Franziskus, um 1255-1260, Unterkirche San Francesco, Assisi, Italien (S. 30-31)

minedition
verlegt in der Michael Neugebauer Edition, Bargteheide

Gesetzt wurde in der Silentium Pro Roman von Jovica Veljovic
Koproduktion mit Michael Neugebauer Publishing Ltd. Hongkong

ISBN 978-3-86566- 182-1

Bibliografische Information der Deutschen Bibliothek
Die Deutsche Bibliothek verzeichnet diese Publikation in der
Deutschen Nationalbibliografie; detaillierte bibliografische Daten sind
im Internet über http://dnb.ddb.de abrufbar.

Franziskus von Assisi
Der mit den Tieren sprach

Ausgewählt und erzählt von Géraldine Elschner
Mit Gedanken von Papst Franziskus

minedition

„Die Freude kommt nicht
von den Dingen, die man besitzt!“

Papst Franziskus • Ansprache an die Seminaristen, Novizen und Novizinnen aus aller Welt, Rom, 6. Juli 2013

Wer ist der Mann mit der Kapuze,
der einfach barfuß heiratet?
Er trägt keine elegante Kleidung,
keinen mit Goldfäden bestickten Mantel.

Kein Wunder,
denn seine Braut auf diesem Bild
ist keine feine Dame der Welt
sondern ...
die Armut selbst.

Die Armut als Begleiterin seines Lebens:
So will es Franziskus.
Dabei wurde er in eine der reichsten
Familien aus Assisi geboren.

Ŝ PAUPTAS

Als Jugendlicher hört er gerne die Musik der Troubadoure. Er tanzt. Er feiert oft mit Freunden seines Ranges. Nach einem Krieg mit dem Nachbarort landet er auch für ein Jahr im Gefängnis. Danach erkrankt er schwer. Zeit zum Nachdenken ... Nur Spaß und Vergnügen: Ist dies wirklich der Sinn seines Lebens?

Während er in der halb zerfallenen Kirche von San Damiano betet, hört er eine Stimme, wie ein Ruf, der aus dem Kruzifix zu kommen scheint. „Franziskus, geh und baue mein Haus wieder auf“.

Das Haus Gottes retten? Er?

„Den Anderen als Bruder betrachten."

Papst Franziskus • Angelus, Petersplatz, Rom, 1. September 2013

Franziskus verkauft kostbare Tuchballen und sogar sein Pferd, um die Ruine wieder aufzubauen. Er lässt auch weitere Kirchen in der Gegend erneuern. Unterwegs schenkt er einem armen Ritter sein Gewand.

»Hast du nichts Besseres zu tun?«, empört sich sein Vater. Der reiche Tuchhändler ist wütend: Sein undankbarer Sohn verschleudert das schwer verdiente Geld und vertreibt seine Zeit bei den Bettlern! Franziskus hat aber in der Tat Besseres zu tun. Sein Entschluss ist gefasst.

„Geld soll dienen, nicht herrschen!“

Papst Franziskus • Ansprache an die neuen, beim Heiligen Stuhl akkreditierten Botschafter aus Kirgisistan, Antigua und Barbuda, Luxemburg und Botswana, 16. Mai 2013

Um den Armen nahe zu sein,
und dadurch Gott nahe zu sein, muss er
alles aufgeben.
»Ich verzichte auf mein Erbe!«, sagt er.
Und auf dem Platz von Assisi zieht er
seine Kleider aus und legt sie dem verblüfften
Vater zu Füßen.
Purpurner Mantel, feine Schuhe, kostbare
Spangen: All diesen Reichtum will er nicht
mehr. Eine grob gewebte Kutte, ein Strick
als Gürtel: Das wird ihm reichen.
Und ab jetzt soll nur noch sein Vater
im Himmel ihn begleiten.
Kaum hat er Abschied genommen, trifft er
einen Leprakranken auf der Straße und läuft
zunächst von ihm weg. Doch wieder ruft
die Stimme. So kehrt Franziskus um und
umarmt den Ausgestoßenen. Ein neues Glück
erfüllt sein Herz. Nun weiß er, wohin
sein Weg ihn führt.

„In dieser Welt der Globalisierung sind wir in die Globalisierung der Gleichgültigkeit geraten."

Papst Franziskus • Predigt auf Lampedusa, 8. Juli 2013

Weit weg von der glanzvollen Welt gründet Franziskus mit ein paar Brüdern den Orden der Franziskaner, nach ihm benannt. Frohen Herzens zieht er von Stadt zu Stadt und predigt. Seine Worte treffen direkt ins Herz und überall spricht er mit so viel Kraft und Wärme von Gott, dass jeder seiner Friedensbotschaft aufmerksam zuhört. Ob einfacher Mann, Papst oder Sultan.

„Was bedeutet es, die Erde zu bebauen und zu hüten …“

Papst Franziskus • Generalaudienz, Petersplatz, Rom, 5. Juni 2013

Sogar die Vögel kommen in Scharen
zu ihm geflogen.
Wer hört wem zu?
Zwitschern sie, so hält er still und bewundert
die Schönheit ihres Gesangs. Fängt er an
zu predigen, so schweigen die Schwalben.
Den Turteltauben baut er ein Nest.
Dem Regenwurm gibt er Schutz.
Denn für ihn ist jeder Einzelne die Schöpfung
Gottes, und jeder Einzelne verdient Respekt,
ob groß, ob klein.

„… Die Welt verantwortungsvoll wachsen zu lassen, sie in einen Garten zu verwandeln, in einen bewohnbaren Ort für alle."

Papst Franziskus • Generalaudienz, Petersplatz, Rom, 5. Juni 2013

So oft er kann, zieht sich Franziskus in die Natur zurück, die er besonders liebt. Dort ist er dem Schöpfer am nächsten – in den Wiesen voller Blumen, unter den Bäumen, mit den Tieren. Als er sich eines Tages in die Berge begibt, leiht ihm ein Bauer seinen Esel aus. Da der Mann verdurstet, sammelt sich Franziskus zum Gebet – und bald fließt Wasser zwischen den Steinen. Wasser, Quelle des Lebens. „Schwester Wasser", nützlich und kostbar, „Bruder Wind", „Bruder Feuer", kraftvoll und stark und „Mutter Erde", die uns ernährt: Jeder hat seinen Platz in dem schönen Sonnengesang, den er verfasst.

·S·francescu·

„Streitet, soviel ihr wollt! Aber lasst keinen Tag zu Ende gehen, ohne dass ihr euch wieder vertragen habt! Niemals!“

Papst Franziskus • Begegnung mit Vertretern des Klerus, Personen des geweihten Lebens und Mitgliedern der Pastoralräte, Assisi, 4. Oktober 2013

Während er so einsam in den Bergen betet,
erscheint plötzlich ein Engel im Himmel,
wie an das Kreuz geschlagen. Die fünf
Wundmale Christi bleiben in Franziskus
Hände geprägt, in seine Füße, in seine Seite.
So ähnelt er Jesus noch mehr.
Wunder geschehen.
In Arezzo, zerrissen und geplagt vom
Bürgerkrieg, schickt er seinen Anhänger
Silvestro zum Stadttor:
»Geh und vertreibe alle bösen Geister!«
Sofort kehrt wieder Ruhe und Friede
in der Stadt ein.

„Lasst euch die Hoffnung nicht nehmen!“

Papst Franziskus • Predigt, Palmsonntag, Petersplatz, Rom, 24. März 2013

Als ein Kind stirbt, erscheint Franziskus und erweckt den Jungen wieder zum Leben. Wie groß die Freude ist!

Und wie groß der Dank und die Ehrung für diesen außergewöhnlichen Gottesmann, so klein als Mensch, so groß aber in der Seele und im Herzen.
Er ist heilig, ganz gewiss.

"Wie sehr möchte ich eine arme Kirche und eine Kirche für die Armen!"

Papst Franziskus • Audienz für die Medienvertreter, Rom, 16. März 2013

Es ist Weihnachten ...
In der Stadt Greccio soll Franziskus heute Abend den Gottesdienst halten.
Da lässt er Ochs und Esel in eine Höhle bringen. Die Krippe füllt er mit frischem Heu.
Dort liegt das Kind.

Die Armut des neugeborenen Königs: Davon spricht er heute, diese will er zeigen, damit jeder spürt, was damals in Bethlehem geschah, in dieser heiligen Nacht.

Das erste Krippenspiel, wie wir es heute noch kennen ...

„Die Kultur der Begegnung, die Kultur des Dialogs: Das ist der einzige Weg zum Frieden."

Papst Franziskus • Angelus, Petersplatz, Rom, 1. September 2013

Ob sanft oder wild,
keiner bleibt ungerührt, wenn
diese Hand sich zu ihm streckt.
So auch der Wolf von Gubbio,
der die ganze Gegend in Schrecken versetzt.
„Bruder Wolf", spricht Franziskus vertrauensvoll,
und zeichnet ein Kreuz über seinen Kopf. Das
verfolgte Tier lässt er versprechen, niemanden mehr
anzugreifen. Die Bewohner der Stadt lässt er
versprechen, den Wolf nicht verhungern zu lassen und
für ihn zu sorgen. Feind ist nur der, der seinen Platz
zwischen Himmel und Erde nicht mehr findet.
Von da an, so wird erzählt, geht der Wolf von Tür
zu Tür und kein Hund bellt ihm nach.

„Habt den Mut, gegen den Strom zu schwimmen. Habt Mut zum wahren Glück!"

Papst Franziskus • Begegnung mit den Volontären des Weltjugendtags, Rio de Janeiro, 28. Juli 2013

Krank, fast erblindet, verlässt der „Troubadour Gottes" kaum noch sein Naturrefugium. Und dort, in der Nähe von Assisi, wo er geboren wurde, holt ihn auch, wie er selber sagt, „unser Bruder, der Tod".

Für alle bleibt er der Mann der Armut und des Friedens,
der Mann voller Liebe und Achtung vor der Schöpfung,
der sich um die Kleinsten kümmerte und jeden schützte.
Der Mann, der zu den Tieren sprach.
Der 4. Oktober wurde in Erinnerung an ihn zum Welttierschutztag. Wegen seiner Nähe zur Natur wurde der heilige Franziskus 1979 von Papst Johannes Paul II. auch zum Patron des Umweltschutzes und der Ökologie ernannt. Franziskus, heute wie damals, jedem so nah.

IOANNES BELLINVS